80 animaux des montagnes

Glénat

Textes : Sandrine Stefaniak

Photographies : voir crédits photographiques détaillés en page 93

Dessins : Emmanuel Cappe, Noël Gouilloux/Catiche productions
(voir détail en page 92)

Relecture et validation : Claude Dautrey, du service accueil-communication du Parc national des Écrins ; Jean-Pierre Martinot et Michaël Delorme, chargés de mission au pôle patrimoine du Parc national de la Vanoise ; Élisabeth Berlioz, chargée de mission communication au Parc national de la Vanoise

Éditions Glénat
37, rue Servan – BP 177 – 38008 Grenoble Cedex

Suivi éditorial et mise en pages : Sandrine Stefaniak/Glénat

Dépôt légal : juin 2007
ISBN : 978.2.84799.122.2

80 animaux des montagnes

L'espace imparti par cet ouvrage ne permet bien évidemment pas de traiter toutes les espèces de vertébrés qui fréquentent peu ou prou l'espace montagnard. Ont été retenues tout d'abord toutes les espèces de montagne au sens strict, qu'elles le soient à l'origine où qu'elles aient, tel l'aigle royal, trouvé refuge en altitude suite aux persécutions humaines. S'y est ajoutée une sélection, comportant nécessairement une part de subjectivité, d'espèces moins inféodées au milieu montagnard, mais qui, parfois présentes depuis la plaine, trouvent jusqu'à des altitudes élevées des habitats propices à leur cycle de vie.

Qu'elles soient à poils, à plumes, à écailles, ou qu'elles aient la peau nue, ces 80 espèces offrent un large panorama de la vie animale qui cohabite dans ces milieux particuliers qu'offre la montagne.

Certaines sont assez communes et présentent une vaste répartition. D'autres, bien que très largement réparties mondialement, restent peu communes, voire rares ou très rares, tandis que d'autres encore n'occupent qu'un territoire restreint, tel le curieux desman des Pyrénées, présent uniquement dans la chaîne du même nom et dans les montagnes du quart nord-ouest de la péninsule ibérique.

Certaines, comme le lagopède alpin, nous viennent des époques glaciaires, d'autres, comme le monticole de roche ou le vespère

Femelle de lagopède alpin en plumage hivernal.

Femelles et cabris de bouquetins des Alpes.

de Savi, seule chauve-souris présentée dans cet ouvrage, présentent des affinités nettement méridionales.
Certaines se portent bien, et étendent même leur aire de distribution (pic noir), d'autres voient leurs habitats se réduire comme peau de chagrin ou leurs nichées détruites par les nouvelles pratiques agricoles (tarier des prés).
Certaines investissent la haute altitude toute l'année durant, s'adaptant aux rigueurs de l'hiver par une modification de leur régime alimentaire ou de leur rythme d'activité (hibernation), d'autres fuient nos contrées chaque automne pour des pays plus cléments, tels les pays d'Afrique, d'autres encore se contentent de descendre à plus basse altitude.
Certaines espèces sont strictement protégées par la loi, d'autres peuvent être chassées, voire classées nuisibles.
Certaines sont très faciles à reconnaître, d'autres ne le seront qu'au prix d'un effort d'observation et de documentation.
Certaines se montrent volontiers, d'autres ne nous laissent le plus souvent que quelques indices de présence.

Toutes sont passionnantes et belles à leur manière, et toutes méritent notre curiosité et notre plus grand respect.
À l'heure où la montagne, dernier bastion relativement à l'abri de nos aménagements, est dans certains massifs désinvestie par l'homme dans ses activités pastorales et agricoles traditionnelles, et par ailleurs davantage investie comme terrain de jeu et de sport, il est urgent d'élargir son regard et de comprendre que cet espace appartient également à la faune et à la flore sauvages, qui ont su bien avant nous s'y adapter, et ont besoin de notre respect pour survivre dans un environnement déjà fort contraignant.
Si cet ouvrage suscite en vous l'envie de tendre l'oreille pour capter un chant ou un cri, de lever la tête pour guetter l'oiseau qui plane ou qui s'active dans une frondaison, de la baisser pour remarquer une empreinte, une plume, un cône rongé, une entrée de terrier…, et de vous faire discrets pour favoriser les rencontres avec l'animal, alors l'objectif de ce petit guide sera atteint.

Belles découvertes.

Connaître et protéger la nature avec les Parcs nationaux de France

En apportant leur concours à *80 animaux de montagne*, les Parcs nationaux de France prolongent un travail de terrain essentiel pour la connaissance et la conservation de la faune. Leur responsabilité principale s'exerce sur des territoires reconnus comme exceptionnels par la qualité et la diversité des paysages et des milieux naturels, habitats et lieux de vie d'une faune sauvage tout aussi remarquable.
Dans les Parcs nationaux, ces espaces naturels sont protégés pour la sauvegarde des espèces et de la biodiversité. Cette conservation demande une connaissance fine des territoires.

Naturalistes, éducateurs et gendarmes de la nature

Les gardes-moniteurs chargés de la protection de ces territoires sont les observateurs permanents de la vie animale. Ils participent quotidiennement aux inventaires de la faune, contribuant à un suivi régulier de toutes les espèces. L'ensemble de ces observations et données de terrain, recueilli sur la base de protocoles de suivis, est cartographié et participe à un état de la faune sauvage de France qui fait appel à de nombreux autres contributions d'organismes publics et associatifs travaillant avec les Parcs nationaux de France.

Un travail de proximité pour un réseau mondial de la conservation

Partout dans le monde, les parcs nationaux s'efforcent de conserver les espèces et leurs habitats. Les contextes se font chaque jour un peu plus exigeants, et les sociétés humaines, souvent contradictoires, ne cessent d'accroître l'artificialisation de la planète tout en réclamant de la nature, du calme, de l'air pur… Les parcs sont connus pour les programmes engagés concernant la sauvegarde de certaines espèces prestigieuses qui font parler d'elles, mais ils le sont moins dans leur travail de fond visant à concilier les activités humaines et la conservation.
C'est en prenant en compte le patrimoine naturel dans les programmes d'aménagement, les activités agricoles, touristiques et industrielles, que les hommes construiront avenir

Gypaète barbu.

et modernité. Les Parcs nationaux de France sont engagés dans ce pari au quotidien, assurant d'une part la conservation, et proposant d'autre part un nouveau rapport à la nature fondé sur le respect, la connaissance, le plaisir et l'autonomie de la découverte.

Maisons du Parc, éditions, conférences, expositions, sentiers et éléments d'interprétation participent de cet enjeu de conservation, de connaissance et d'aide à la découverte respectueuse de la vie sauvage.

Espaces de conservation, de ressourcement et d'innovations, les Parcs nationaux de France sont aussi des territoires de médiation. La compréhension des enjeux de ces territoires passe par la prise en compte des témoignages des montagnards et par l'échange. Aussi les Parcs nationaux de France s'attachent-ils à mettre en place les rencontres et le dialogue entre acteurs des territoires et visiteurs accueillis. C'est ainsi que des solidarités nouvelles patiemment se construisent en faveur de la montagne et de la nature.

L m 62 cm, **f** 47 cm ; **E m** 90 cm, **f** 70 cm ; **P m** 1 350 g, **f** 930 g

lisières supérieures de forêt, landes, fourrés

5

1 200-2 500 m

Al, (Ar)

femelle protégée

2 tétras lyre

Tetra 3 *trix* • Tétraonid 4

Femelle

C'est en mai que les parades des petits coqs de bruyère battent leur plein. Sur une sorte d'arène, souver 6 ncore enneigée, les mâles s'affrontent du geste et de la voix sous l'œil de quelques femelles alentour qui semblent n'en avoir cure. Moins nombreuses que les mâles, ce sont elles qui choisissent leur partenaire. Leur plumage, modèle de discrétion en regard de celui des coqs, ne les met pas pour autant à l'abri des prédateurs, surtout durant la couvaison, où, rivées au sol, elles risquent de surcroît d'être piétinées par les troupeaux. Outre cela, les atteintes à son milieu et les dérangements conséquents à nos activités, la chasse et les collisions avec les câbles des remontées mécaniques rendent l'avenir du tétras lyre bien incertain.

Mâle en parade

1 40

Comment utiliser ce guide

1 Les espèces ont été classées selon trois groupes facilement repérables par un onglet de couleur :

- vert : classe des mammifères ;
- rouge : classe des oiseaux ;
- bleu : classe des reptiles, classe des amphibiens et classe des poissons.

À l'intérieur de chaque classe, les espèces sont regroupées par familles, dans l'ordre systématique classiquement utilisé pour la faune vertébrée.

2 **Nom vernaculaire :** nom usuel de l'espèce.

3 **Nom scientifique :** il est composé de deux mots, essentiellement d'origine latine ou grecque, désignant respectivement le nom de genre et le nom d'espèce. Dans le cas d'une sous-espèce, un troisième mot est utilisé.

4 **Famille zoologique :** les noms actuels ont été employés.

5 **Dimensions et poids de l'espèce.** Abréviations utilisées : **L** longueur, **H** hauteur au garrot, **E** envergure, **P** poids, **m** mâle, **f** femelle. Ces données sont indicatives ; elles peuvent varier considérablement selon la géographie et les individus. Pour les oiseaux, elles sont reprises de l'ouvrage *Oiseaux de Vanoise*, de Philippe Lebreton et Jean-Pierre Martinot (Libris, 1998).

Habitat(s). Non exhaustive, cette rubrique indique en priorité le(s) habitat(s) de prédilection de l'espèce en montagne.

Profondeur : fourchette altitudinale dans laquelle peut se rencontrer l'espèce.

Répartition. Cette rubrique indique les massifs montagneux de France où l'espèce est présente. Abréviations utilisées : Al (Alpes), Ar (Ardennes), Co (Corse), Ju (Jura), Mc (Massif central), Py (Pyrénées), Vo (Vosges).

△ **Statut de protection.** Cette rubrique n'apparaît que si l'espèce est strictement protégée.

6 **Texte.** Il comporte description, régime alimentaire, comportement, reproduction, menaces…

les 80 animaux

La musaraigne alpine

Sorex alpinus • Soricidés

Bien des choses restent à apprendre sur la secrète musaraigne alpine. Elle se distingue des autres musaraignes notamment par une queue presque aussi longue que le reste du corps, qui fait office de soutien et de balancier lorsqu'elle grimpe. Son pelage est gris ardoise foncé, avec le dessous de la queue plus clair; ses pattes sont également plus claires. Elle se nourrit surtout d'insectes, de mollusques et de lombrics, qu'elle recherche activement car il lui faut absorber chaque jour l'équivalent de son propre poids, tant son métabolisme est élevé. Hôte des fissures rocheuses et des éboulis stables, elle se plaît dans les forêts humides aux gros blocs moussus, les prairies humides de lapiaz, et aux abords des ruisseaux en forêt.

L 6-8 cm (queue : 6-7,5 cm) ; **P** 6-9 g

bord des ruisseaux et blocs rocheux en forêt, prairies rocheuses, éboulis

(200) 1 000-2 500 m

Al, Ju

L 24-29 cm queue comprise ; **P** 50-80 g

cours d'eau rapides, lacs d'altitude

(0) 400-2 600 m

Py

espèce protégée

Le desman des Pyrénées

Galemys pyrenaicus • Talpidés

Découvert seulement en 1811 et endémique des Pyrénées, le curieux « rat trompette » reste un animal mythique. Évoquant une grosse musaraigne, il appartient en fait à la famille des taupes, avec qui il partage des yeux aussi petits qu'inefficaces. Un peu pataud à terre, le desman grimpe et nage très bien avec ses pattes arrière palmées et griffues. C'est avec sa fameuse trompe flexible, munie de poils appelés « vibrisses », que le desman touche et sent. Comme le cincle plongeur, il chasse des petits invertébrés au fond de l'eau. Il fouille le substrat avec sa trompe en émettant un filet de bulles qui trahit son activité, essentiellement nocturne. L'observer est donc plutôt hasardeux...

L 7-9 cm ;
E 22 cm ; P 5-10 g

rochers, falaises, lisières des forêts

0-2 600 m

Al, Co, Ju, Mc, Py

espèce protégée

Le vespère de Savi

Hypsugo savii • vespertilionidés

Celle qui fut d'abord nommée pipistrelle de Savi fait désormais partie d'un genre à part. Possédant des oreilles plus larges et plus arrondies que les autres pipistrelles, cette belle petite chauve-souris présente un pelage bien tranché entre le dos et le ventre : brun clair à brun foncé pour le premier, avec le bout des poils doré ; plutôt gris-blanc pour le second. Le brun-noir des oreilles et du museau contraste avec sa longue fourrure. Espèce méridionale, le vespère de Savi recherche les milieux rocheux pour ses gîtes d'hiver et ses colonies d'été, qui rassemblent plusieurs dizaines de femelles. Dès le coucher du soleil, sa traque aux insectes volants le rapproche de l'eau et des arbres, mais aussi des habitations.

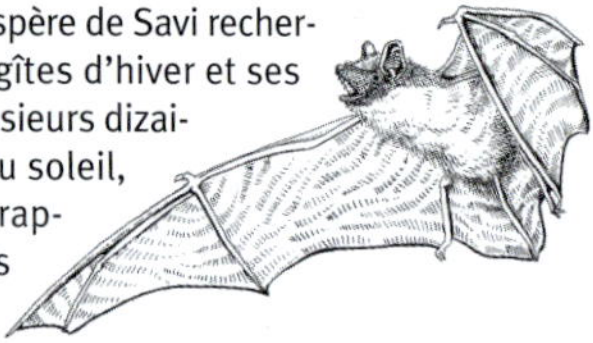

Le loup

Canis lupus • Canidés

Ce superbe carnivore aux grandes capacités de déplacement vit en petites meutes nomades et hiérarchisées, dans lesquelles seul le couple dominant se reproduit. Le groupe ne se fixe momentanément qu'au printemps, à la naissance des louveteaux. Durant un demi-siècle, éradiqué du sol français, le loup ne nous avait laissé, pour tout souvenir, que des noms de lieux, des expressions populaires... et une crainte tenace. En 1992, il réapparaît dans le Parc national du Mercantour, en provenance de l'Italie voisine, où ses populations s'étaient rétablies depuis sa protection légale. Aujourd'hui, tandis qu'il a discrètement mis le pied dans les Pyrénées et le Massif central, son retour n'est toujours pas unanimement accepté.

L 0,90-1,50 m ; **H** 65-80 cm ; **P** 20-80 kg

vastes forêts de montagne

0-3 000 m

Al, Mc, Py

espèce protégée

Le renard

Vulpes vulpes • Canidés

Accusé de nombreux méfaits, chassé, piégé, gazé... le renard est toujours commun chez nous. Ses grandes facultés d'adaptation lui ont permis de survivre malgré notre acharnement à tenter de le détruire, et il sait tirer parti du milieu urbain, qui empiète de plus en plus sur son habitat naturel. Très éclectique dans son alimentation, il consomme une bonne part de campagnols, qu'il repère à l'ouïe et capture d'un bond souple, faisant le dos rond avant de retomber pattes avant sur sa proie. En mars-avril, la renarde donne naissance à quatre ou cinq petits, dans une tanière qu'elle a creusée ou « squattant » un terrier de blaireau, de lapin, ou de marmotte en montagne. La curiosité et le goût du jeu des renardeaux garantissent d'inoubliables observations.

L 0,9-1,20 m ; **H** 35-40 cm ; **P** 5-7 kg
tous milieux
0-2 500 m
tous massifs

L 1,70-2,50 m ;
H 0,90-1,20 cm ;
P m 80-350 kg,
f 65-200 kg

vastes forêts de montagne

700-1 800 m

Py

espèce protégée

L'ours brun

Ursus arctos • Ursidés

L'ours ne demande rien tant que l'espace et la tranquillité. C'est un animal solitaire, qui aux beaux jours passe le plus clair de son temps à s'alimenter, constituant des réserves pour son sommeil hivernal. Il ne vit en couple que deux semaines environ, le temps pour les partenaires de s'apprivoiser et de s'accoupler, et, pour la femelle, d'être fécondée. Au cœur de l'hiver, un à trois oursons naissent à l'abri de la tanière. Ce fauve mythique occupait autrefois l'ensemble des forêts françaises. Ses derniers représentants, cantonnés dans les Pyrénées, défraient la chronique d'une société contradictoire, partagée entre volonté de sauvegarde et d'éradication de l'espèce. Malgré l'introduction d'ours slovènes, cette population relique est loin d'être sauvée.

L’hermine

Mustela erminea • Mustelidés

La terreur des campagnols, c’est elle. Grâce à son corps fin et allongé, l’hermine se faufile dans les galeries du campagnol terrestre à moyenne altitude, et, plus haut, du campagnol des neiges. L’hiver, c’est entre la terre et le manteau neigeux qu’elle poursuit ses proies favorites, les tuant d’une morsure à la nuque. Hyperactive, la belle chasseresse a un métabolisme fort élevé et a donc besoin d’un gros apport énergétique quotidien. Aussi passe-t-elle beaucoup de temps à parcourir son territoire en tous sens à la recherche de proies. Plus grande que la belette, mais d’allure semblable, l’hermine possède heureusement en toute saison un pinceau noir au bout de la queue, qui permet de la reconnaître, et contraste joliment avec le pelage blanc qu’elle revêt l’hiver en montagne.

L 30-40 cm queue comprise ; **P** 100-400 g

pelouses, landes, lisières, pierriers, éboulis

0-3 000 m

tous massifs sauf Co

L 20-30 cm queue comprise ; P 50-150 g

partout sauf forêts denses et milieux aquatiques

0-3 000 m

tous massifs

La belette

Mustela nivalis • Mustélidés

Pas de pinceau noir au bout de la queue pour la belette, par ailleurs pratiquement copie conforme de l'hermine hormis sa taille inférieure, celle-ci étant toutefois très variable. Redoutable prédatrice de campagnols, la « petite belle » traque dans leurs galeries des espèces plus petites que sa cousine et dont elle dépend largement pour sa survie. Elle peut avoir deux portées la même année si ses proies abondent, et ne pas se reproduire du tout si leur densité chute trop. Ses populations sont donc assez fluctuantes, mais peuvent se reconstituer rapidement, notamment grâce à la capacité des femelles nées suffisamment tôt dans l'année de se reproduire à l'âge de quelques mois seulement.

La martre

Martes martes • Mustélidés

- **L** 50 cm (queue : 28 cm) ; **P** jusqu'à 2 kg
- forêts de conifères, forêts mixtes
- 0-2 000 m
- tous massifs sauf Co

Très proche de la fouine, la martre s'en distingue notamment par une bavette jaunâtre qui descend rarement sur les pattes. Dans les arbres, elle est aussi agile que l'écureuil, victime régulière de ses crocs. Omnivore, elle adapte son régime selon les saisons et les proies disponibles, et consomme une bonne part de fruits. Les martres s'accouplent en été, et les deux mois de gestation sont différés, de sorte que la femelle ne met au monde ses petits qu'au printemps suivant. Elle élève seule sa portée, adoptant un nid d'écureuil ou de corvidé, une loge de pic noir ou une cavité naturelle. Hormis l'homme, la martre n'a guère d'ennemis, si ce n'est occasionnellement l'aigle royal.

Le chat sauvage

Felis silvestris • Félidés

Une longue fourrure tigrée, une ligne noire courant le long de l'échine et une queue épaisse annelée de noir, dont le dernier anneau forme un manchon, caractérisent ce félin. Malgré cela, la confusion reste fréquente avec le chat haret, chat domestique retourné à l'état sauvage. Comme nos matous, le chat sauvage miaule, gronde, souffle, crache... et ronronne. Il ne s'aventure guère en haute altitude, et la neige le limite dans ses déplacements. Il chasse surtout les mulots et les campagnols, en forêt, mais également dans les milieux ouverts tels que les prairies. Si mâle et femelle se retrouvent l'hiver à la saison des amours, ils sont solitaires le reste du temps.

- **L** 50-60 cm (queue 25-50 cm) ; **P** jusqu'à 7 kg
- milieux boisés
- 0-1 000 m
- Ar, Ju, Mc, Py, Vo, (Al, Co)
- espèce protégée

Le lynx

Lynx lynx • Félidés

L 0,75-1,10 m ;
H 60-75 cm ;
P m 20-25 kg
f 16-21 kg

vastes forêts de montagne

700-1 100 m

Al, Ju et Vo (réintroduit)

espèce protégée

Ce félin se reconnaît à son pelage tacheté de brun, à sa queue courte, noire à l'extrémité, aux pinceaux de poils noirs prolongeant ses oreilles, et à ses larges favoris. Comme tous nos autres grands prédateurs, il fut traqué sans merci. Dans les Alpes, son dernier bastion français, il disparut dans les années 1920. Sa présence actuelle sur notre territoire a son origine dans des réintroductions, menées en Suisse, notamment. Très discret et peu actif en journée, le lynx fait entendre ses feulements en février-mars, au moment de la reproduction. Le voir reste un événement, fruit du hasard, ou de longues heures d'affût...

Le sanglier

Sus scrofa • Suidés

Il émane de cet animal à la silhouette unique une sensation de force primitive. L'ancêtre de notre cochon reste un animal sauvage et imprévisible, et s'il laisse de nombreux indices de sa présence, sa rencontre reste bien souvent le fruit du hasard. Omnivore, le sanglier aime particulièrement les glands, les faînes, les châtaignes, mais aussi le maïs et les pommes de terre, ce qui le rend peu désirable aux yeux des agriculteurs. Se reposant le jour dans une bauge à l'abri de la végétation, il s'active la nuit, creusant la terre de son robuste groin afin de déterrer sa nourriture. Au printemps, dans un nid appelé « chaudron », la laie donne le jour à ses marcassins, qui conservent pendant quatre à six mois leur jolie livrée rayée.

L 1-1,60 m ;
H 60-90 m ;
P 80-150 kg

forêts de feuillus, forêts mixtes

0-2 400 m

tous massifs

Le cerf élaphe

Cervus elaphus • Cervidés

Elle est parfois lourde à porter, la couronne du roi de la forêt. Ce trophée tant convoité par les chasseurs peut en effet atteindre 6 kg chez les sujets les plus âgés. Chaque année en fin d'hiver, le mâle perd cette ramure, qui se reconstitue en quelques mois, plus ramifiée que l'année précédente. En septembre-octobre, période du rut, le cerf sort de sa discrétion habituelle. Les mâles rivalisent alors pour conquérir un petit harem de femelles, dont les chaleurs sont déclenchées par le brame de leurs prétendants. Environ huit mois plus tard, naîtra de ces amours éphémères un seul faon, très rarement deux.

L m 1,90-2,30 m, **f** 1,70-2,10 ; **H m** 1,20-1,40, **f** 1-1,20 m ; **P m** 150-230 kg, **f** 80-110 kg

grandes forêts ouvertes

0-3 000 m

tous massifs

Le chevreuil

Capreolus capreolus • Cervidés

L 1-1,25 m ; H 60-80 cm ; P 20-25 kg
milieux boisés
0-2 500 m
tous massifs

Bien plus petit que le cerf, le chevreuil est également largement plus répandu. Il n'est pas rare de le voir en fin de journée ou à l'aube à la lisière d'un bois, et ses petites empreintes se rencontrent fréquemment. C'est en juillet-août qu'ont lieu les accouplements, au terme d'une longue poursuite de la femelle par le mâle. Les ovules fécondés ne s'implanteront dans l'utérus qu'environ cinq mois plus tard, et cinq autres mois s'écouleront avant la naissance des petits, le plus souvent au nombre de deux. Au bout de quelques jours, ceux-ci sont capables de suivre leur mère, qui les chassera un an plus tard, à l'arrivée de la nouvelle portée.

Le chamois / l'isard

Rupicapra rupicapra / Rupicapra pyrenaica • Bovidés

Isard

Plus petit que le chamois, l'isard présente un pelage hivernal plus contrasté, avec une nette « écharpe » sombre le long du cou. Le nom de genre de ces deux espèces, *Rupicapra* (littéralement « chèvre des rochers »), en dit long sur leur agilité dans ce milieu. Des sabots au bord très dur avec une membrane permettant aux deux onglons de s'écarter les rendent plus à l'aise sur la neige et la glace que ne l'est le bouquetin. Chamois et isard s'accouplent à l'automne, après des courses-poursuites et des combats rituels entre mâles, dont le vainqueur est souvent le plus musclé. C'est l'une des meilleures périodes pour les observer.

L 1,20 m / 1,10 m ; **H** 80 cm / 75 cm ; **P** 35-50 kg / 20-30 kg

pelouses, pentes rocheuses, forêts

700-3 000 m / 800-2 300 m

Al, Ju, Mc, Vo / Py

Chamois

Le bouquetin des Alpes

Capra ibex • Bovidés

Hm 65-85 cm ; **Lm** 1,40-1,55 m ; **Pm** 75-120 kg, **f** 50 kg ; cornes : **m** jusqu'à 1 m, **f** jusqu'à 30 cm

milieux rocheux

1 000-3 000 m

Alpes

espèce protégée

Chasse et braconnage ont failli avoir raison de ce magnifique animal, au bord de l'extinction à la fin du XIXe siècle. Aujourd'hui, heureusement, le randonneur attentif peut admirer sa fière silhouette et son habileté à se déplacer dans les rochers. Grégaire, le bouquetin des Alpes vit en groupes, mâles d'un côté, femelles et jeunes de l'autre. En décembre, débute la période du rut. Les femelles se mêlent alors aux mâles, qui s'affrontent dans des combats où le choc des cornes s'entend de loin. Une fois les noces consommées, les femelles se retirent. En juin, elles mettent au monde un seul petit (parfois deux), qu'elles ont à protéger des attaques de l'aigle royal.

Jeune mâle

Le mouflon méditerranéen

Mâle adulte

Ovis aries musimon • Bovidés

Introduit à partir d'individus de Corse ou de Sardaigne dans divers pays d'Europe dès le XVIIIe siècle, le mouflon met le pied en France continentale en 1949, dans le Mercantour. Sociable, il compose des groupes mixtes à partir de l'automne, période du rut et des affrontements entre béliers. Au printemps, les mâles reprennent une vie solitaire ou en petits groupes, tandis que femelles et jeunes restent sous la conduite d'une femelle âgée. La brebis s'isole pour donner le jour à son petit, puis réintègre la harde. L'hiver est une période critique pour cet ovin d'origine méditerranéenne peu adapté aux forts enneigements, et la mortalité est importante chez les petits de l'année.

L 1,10-1,30 m ; **H** 65-80 cm ; **P m** 35-50 kg, **f** 25-35 kg

pentes rocheuses ensoleillées, zones boisées

700-2 300 m

Al, Ar, Mc et Py (introduit), Co

protégé en Co

Jeunes mouflons

- L 20-25 cm (queue 15-20 cm) ; **P** 300 g
- forêts, parcs, jardins
- 0-2 400 m
- tous massifs sauf Co
- espèce protégée

L'écureuil roux

Sciurus vulgaris • Sciuridés

Faut-il encore présenter ce lutin des forêts ? Pas toujours roux, l'écureuil, dont le pelage va jusqu'au brun sombre, surtout en montagne. Son agilité à toute épreuve ne laisse pas de nous émerveiller, et il est tout simplement irrésistible lorsqu'il grignote une noisette tenue entre ses habiles petites pattes. Grand amateur de fruits secs et de cônes, l'écureuil a une manière bien à lui de les décortiquer, signant ainsi sa présence dans le sous-bois. Bien connue également, son habitude de cacher à l'automne des provisions, en partie déterrées l'hiver venu, époque où ses oreilles sont prolongées par de longs pinceaux de poils. En forme de boule, son nid douillet accueille de deux à cinq petits, qui naissent nus et aveugles.

T 50-70 cm ;
P 3-6 kg

pelouses d'altitude, éboulis

700-3 000 m

Al, Ju, Mc, Py

La marmotte des Alpes

Marmota marmota • Sciuridés

Six mois sous terre pour ce gros rongeur bien connu des randonneurs. D'octobre à mars, au fond d'un terrier, bien installée sur une couche d'herbes sèches, la marmotte hiberne, puisant dans la graisse accumulée au cours de l'été. Une ou deux respirations par minute, température du corps à 9 °C, c'est la vie au ralenti. Au printemps, lorsqu'elle émerge de son sommeil, la marmotte est amaigrie de moitié et affamée. Elle est alors très vulnérable vis-à-vis de prédateurs comme l'aigle royal. Elle a six mois pour se reproduire et faire ses réserves pour l'hiver. En mai-juin, naissent trois à quatre marmottons d'une trentaine de grammes seulement, qui se risquent rarement hors du terrier avant début juillet.

Le campagnol des neiges

Chionomys nivalis • Cricétidés

L jusqu'à 21 cm queue comprise; **P** jusqu'à 65 g

éboulis, pelouses rocailleuses, (mélézins au sol pierreux)

200-3 000 m et plus

Al, Mc, Py

Son nom nous le dit : s'il y a un campagnol d'altitude, c'est bien lui. Il détient en effet de ce point de vue le record des rongeurs d'Europe, mais on le rencontre aussi très bas dans les collines pierreuses du Midi. Son habitat n'est toutefois pas tant la neige que le milieu rocheux, à condition qu'il soit stable et bien exposé au soleil. La neige est néanmoins son alliée durant l'hiver, où il circule dans des galeries creusées à la surface du sol, protégé du froid par le manteau blanc, mais non de l'hermine, l'autre manteau blanc de l'hiver, qui n'hésite pas à venir se glisser dans sa retraite. Le campagnol des neiges porte quant à lui une fourrure épaisse, gris-brun clair dessus, gris blanchâtre dessous, et sa queue est parfois presque blanche.

Le lérot

Eliomys quercinus • Myoxidés

Il est tellement craquant, avec son petit air de bandit masqué, qu'on ne saurait trop lui tenir rigueur de ses tapages nocturnes dans les combles et de ses larcins dans les vergers. Présent depuis la plaine, ce cousin du loir, qui comme lui hiberne d'octobre à avril, se rencontre jusqu'à l'étage alpin, où il affectionne les zones rocheuses. Sitôt sorti de son sommeil hivernal, ce rongeur omnivore s'active à se reproduire. En mai-juin, quatre à cinq petits naissent dans un nid sphérique d'herbe et de mousse garni de plumes et de poils. Pour sauver sa peau des serres du grand-duc ou des crocs de la martre, le lérot abandonne celle de sa queue, qui a la particularité de se détacher facilement.

L 20-25 cm queue comprise ; **P** 50-150 g

zones boisées, pierriers, éboulis, grottes, habitations

0-2 400 m

tous massifs (introduit en Corse)

T 45-60 cm ;
P jusqu'à 3 kg

alpages, landes, éboulis, forêts

600-3 000 m

Al (Py, introduit)

Le lièvre variable

Lepus timidus • Léporidés

Variable, ce lièvre l'est à coup sûr par son pelage. Entièrement blanc l'hiver, à l'exception d'une touche de noir au bout des oreilles, brun-gris l'été, celui-ci passe par des phases plus bariolées durant ses mues printanière et automnale. Celles-ci lui assurent un excellent camouflage adapté à son milieu en fonction des saisons. Craintif (*timidus*, en latin), il l'est aussi, devant se méfier de nombreux prédateurs, dont le renard, l'aigle royal... et l'homme, toujours autorisé à le chasser. Pas facile de le voir, donc, d'autant qu'il est actif essentiellement la nuit, se nourrissant de diverses plantes herbacées, mais également d'écorces et de rameaux, surtout en hiver. Le blanchon semble, hélas, en régression dans les Alpes.

Le gypaète barbu

Gypaetus barbatus • Accipitridés

L 1,30 m ; **E** 2,70-2,85 m ; **P** 6 kg
falaises abruptes
800-3 000 m
Al (réintroduit), Co, Py
espèce protégée

Impossible de ne pas le reconnaître le gypaète en vol. Une envergure immense associée à une longue queue cunéiforme sont des caractères uniques chez les grands rapaces. Se nourrissant presque exclusivement d'os, ingurgités entiers ou préalablement lâchés en vol sur les éboulis rocheux afin qu'ils se brisent, le gypaète est le dernier vautour à intervenir sur les carcasses. Il a subi de telles persécutions que moins de vingt couples subsistaient en France, à la fin du XXe siècle, et que le ciel alpin a été privé de sa prestigieuse présence, avant qu'un programme international de réintroduction ne permette son retour. Reconnaissable à sa livrée brune, le jeune gypaète acquiert son plumage d'adulte à quatre ou cinq ans, et n'est capable de se reproduire qu'à sept ans environ.

L 1,10 m ; **E** 2,40-2,60 m ; **P** 7-8 kg
falaises abruptes
350-1 100 m
Al et Mc (réintroduit), Py
espèce protégée

Le vautour fauve

Gyps fulvus • Accipitridés

Le vautour fauve est un magnifique voilier qu'on ne se lasse pas d'admirer lorsqu'il plane sans effort dans les courants d'air chauds. Grégaire, ce charognard vit en colonies pouvant atteindre quelques dizaines de couples, et prospecte en groupes un vaste territoire à la recherche d'animaux morts, sauvages ou domestiques. Il peut s'écouler des jours, voire des semaines, avant qu'un cadavre soit investi, et la curée se déroule selon une hiérarchie, les individus dominants ne cédant la place aux suivants qu'une fois repus. L'unique jeune élevé par le couple ne passe pas moins de quatre mois à l'aire avant son premier vol, qui a lieu généralement fin juillet. À l'automne, il quitte sa falaise natale en compagnie d'autres jeunes pour une période d'errance de plusieurs années.

L'aigle royal

Aquila chrysaetos • Accipitridés

Oiseau emblématique, considéré comme le roi des oiseaux, ce grand rapace est sans conteste la terreur des marmottes, qui sont ses proies de prédilection à la belle saison. Sa vue excellente lui permet de repérer ses victimes de très loin (jusqu'à 1 km). L'hiver est moins clément pour l'aigle royal, parfois contraint d'adopter un régime charognard. En février et mars, spectacle assuré sur le territoire d'un couple d'aigles : vols en festons, piqués vertigineux, conjoints se liant par les serres ou jouant à laisser tomber un objet que l'autre rattrape in extremis... autant d'acrobaties qui constituent la parade amoureuse, prélude à l'accouplement des époux royaux, unis pour la vie.

L 80-95 cm ;
E m 2 m, **f** 2,20 m ;
P m 2,9-4,4 kg,
f 3,8-6,6 kg

montagnes

1 000-2 700 m

Al, Co, Mc, Py

espèce protégée

Le faucon pèlerin

Falco peregrinus • Falconidés

- **L** 40-50 cm ; **E** 85-110 cm ; **P m** 600 g, **f** 900 g
- falaises abruptes
- (0) 500-2 000 m
- tous massifs
- espèce protégée

Après un déclin dramatique de ses populations, dû essentiellement à l'usage de pesticides, ce prestigieux rapace a peu à peu reconquis son aire de répartition initiale en France. Grand prédateur d'oiseaux, le faucon pèlerin commence par repérer sa victime depuis un perchoir situé en falaise. Il en décolle alors pour effectuer un vol de placement stratégique l'éloignant provisoirement de sa proie, avant de fondre sur elle à quelque 250 km/h. La brutale ouverture de ses ailes précédant la capture de l'oiseau peut provoquer une détonation semblable à un coup de feu. Après un séjour à l'aire de cinq à six semaines, les jeunes restent au moins deux mois auprès de leurs parents pour apprendre les secrets de la chasse en plein vol.

Le lagopède alpin

Lagopus mutus • Tétraonidés

Pas facile de voir le lagopède alpin, tant son plumage se confond avec son milieu, et ce en toute saison. Comme l'hermine et le lièvre variable, ce cousin des tétras adopte l'hiver une livrée quasiment toute blanche. Parfaitement adapté aux rigueurs de la haute altitude, il y demeure à la saison froide, se nourrissant sur les reliefs balayés par le vent. En cas de mauvais temps, l'oiseau se laisse ensevelir sous la neige, ressortant de son igloo provisoire une fois la tempête passée. Le nid du lagopède est une simple dépression creusée au sol, garnie de végétaux et de plumes. Les poussins le quittent à peine éclos et se nourrissent seuls, guidés et réchauffés par leur mère. Deux semaines plus tard, ils savent déjà voler.

L 38 cm ; **E** 60 cm ; **P** 430 g

pentes rocheuses, éboulis, pelouses, landes

1900-3500 m

Al, Py

Femelle en plumage d'été

L m 75-90 cm, **f** 55-65 cm ; **E m** 1,30 m, **f** 1 m, **P m** 4,5-5,5 kg, **f** 2,5 kg

vieilles forêts mixtes avec clairières

800-2 100 m

Ju, Mc (réintroduit), Py, Vo

espèce protégée

Le grand tétras

Tetrao urogallus • Tétraonidés

Femelle

Cet oiseau est un véritable symbole de la forêt primitive. Nos activités l'ont, hélas, acculé dans ses derniers bastions, où ses populations continuent pour la plupart de régresser. Le grand tétras ne sort de sa discrétion habituelle que pour ses célèbres parades de printemps, à l'issue desquelles la femelle choisit dans l'arène le mâle ayant offert la plus belle prestation. Les œufs sont déposés à même le sol, dans un nid sommaire que les poussins quittent peu après leur éclosion. Très fragiles, ceux-ci nécessitent l'attention constante de leur mère, qui les réchauffe et les guide dans leur quête de nourriture : beaucoup de baies, quelques invertébrés. L'hiver, le grand tétras consomme surtout des aiguilles de conifères.

Mâle en parade

- **L m** 62 cm, **f** 47 cm ; **E m** 90 cm, **f** 70 cm ; **P m** 1 350 g, **f** 930 g
- lisières supérieures de forêt, landes, fourrés
- 1 200-2 500 m
- Al, (Ar)
- femelle protégée

Le tétras lyre

Tetrao tetrix • Tétraonidés

Femelle

C'est en mai que les parades des petits coqs de bruyère battent leur plein. Sur une sorte d'arène, souvent encore enneigée, les mâles s'affrontent du geste et de la voix sous l'œil de quelques femelles alentour qui semblent n'en avoir cure. Moins nombreuses que les mâles, ce sont elles qui choisissent leur partenaire. Leur plumage, modèle de discrétion en regard de celui des coqs, ne les met pas pour autant à l'abri des prédateurs, surtout durant la couvaison, où, rivées au sol, elles risquent de surcroît d'être piétinées par les troupeaux. Outre cela, les atteintes à son milieu et les dérangements conséquents à nos activités, la chasse et les collisions avec les câbles des remontées mécaniques rendent l'avenir du tétras lyre bien incertain.

Mâle en parade

T 40 cm ; E 56 cm ;
P 400 g

forêts de feuillus ou mixtes à sous-bois dense

(200) 1 000-2 000 m

Al, Ar, Ju, Vo, (Mc, Py)

La gélinotte des bois

Bonasa bonasia • Tétraonidés

Cet oiseau est la discrétion même. Son plumage cryptique le rend quasiment invisible en sous-bois. Ce dernier doit être dense et épais, riche en buissons et arbustes tels que le noisetier, car la gélinotte, espèce forestière par excellence, est très exigeante sur la qualité de son milieu. Les formations trop régulières telles que les futaies de résineux la font fuir, et expliquent en partie la régression générale de l'espèce en France. Elle est également très sensible au dérangement. Essentiellement végétarienne, la gélinotte se nourrit de pousses, feuilles, bourgeons, fruits, graines, à terre ou perchée dans un arbre. Si l'écorce est assez rugueuse, elle peut y grimper pour se percher, et les jeunes maîtrisent rapidement cet art.

L 40 cm ; E 54 cm ; P 625 g

pentes sèches et rocheuses, éboulis, pelouses et landes pierreuses

900-3 000 m

Al

La perdrix bartavelle

Alectoris graeca • Phasianidés

C'est la célèbre « perdrix royale » de Pagnol dans *La Gloire de mon père*. Son nom d'espèce (le mot latin *graeca* signifie grec) traduit les origines orientales de la perdrix bartavelle, dont la répartition en France est strictement alpine. Un collier noir bien net la distingue de la perdrix rouge, dont le collier se prolonge en plastron moucheté. Si elle fréquente la haute montagne, remontant les versants sud en trottant allègrement, la bartavelle n'est pas adaptée aux hivers très enneigés, et doit alors concéder de l'altitude. Discrète et mimétique, elle se manifeste davantage par ses caquètements durant les parades nuptiales, où les mâles s'affrontent parfois sévèrement. Ses populations sont en régression dans les Alpes du Sud.

La bécasse des bois

Scolopax rusticola • Scolopacidés

L 35 cm ;
E 63 cm ;
P 320 g

forêts mixtes entrecoupées de clairières, landes, prairies

0-1 800 m

tous massifs sauf Co

Se promener dans les bois ne garantit pas de voir la bécasse. Avec son plumage couleur de feuilles mortes, elle est invisible sur le sol forestier. Dérangée, elle s'enfuit au dernier moment, offrant la vision furtive d'un oiseau trapu zigzaguant entre les arbres. On peut toutefois tenter sa chance en lisière de forêt un soir de printemps, au moment de la croule, vol nuptial des mâles. Ces derniers patrouillent alors dans l'espoir d'entendre le doux appel d'une femelle restée au sol, et se découpent en ombres chinoises dans le ciel du crépuscule. Cousine des bécasseaux et des chevaliers, la bécasse est le seul limicole forestier. Avec son long bec droit, elle fouille le sol meuble en quête de proies, parmi lesquelles les lombrics figurent en première place.

Le grand-duc d'Europe

Bubo bubo • Strigidés

À côté de la minuscule chevêchette, le grand-duc fait figure de géant. Pouvant atteindre 1,80 m d'envergure, c'est le plus grand rapace nocturne d'Europe. Très éclectique dans le choix de ses proies (il lui arrive de pêcher poissons et grenouilles), il n'a lui même aucun ennemi naturel. En revanche, l'homme l'a longtemps persécuté, l'obligeant à se réfugier dans les massifs montagneux, où sa majestueuse silhouette glisse en silence à flanc de rocher. C'est en fin d'hiver, durant les parades nuptiales, que le grand-duc est le plus loquace. Ses « hou-ho » graves et profonds se font entendre à la tombée de la nuit. C'est une bonne époque pour tenter de l'apercevoir, si l'on ne craint pas trop le froid...

- **L** 70 cm ; **E** 1,70 m ; **P m** 2,4 kg, **f** 2,9 kg
- parois rocheuses, forêts escarpées
- 0-2 000 m
- Al, Mc, Py, (Ar)
- espèce protégée

Jeune

Le hibou moyen-duc

Asio otus • Strigidés

L 35 cm ; E 95 cm ; P 300 g
forêts de résineux ou mixtes
0-2 000 m
tous massifs
espèce protégée

Comme le grand-duc, ce hibou possède deux grandes aigrettes et de beaux yeux orangés, mais son plus petit gabarit permet d'éviter la confusion. Assez commun localement, il n'est pas pour autant facile à observer : comme il se doit, il chasse la nuit, et si le jour il se repose sur une branche tout près d'un tronc, son plumage à l'aspect d'écorce le rend presque invisible. En fin d'hiver, le chant du mâle attire la femelle, qui choisira le site de reproduction, de préférence un ancien nid de corneille. Elle y couvera seule, ravitaillée par son conjoint. À trois semaines environ, les jeunes, arborant alors une curieuse face noire, quittent le nid pour les branches alentour, et quémandent leurs repas par des appels grinçants qui s'entendent de loin.

La chouette de Tengmalm

Aegolius funereus • Strigidés

Des boules de plumes brun chocolat aux grands yeux jaunes étonnés alignées en brochette sur une branche, telles apparaissent parfois les jeunes chouettes de Tengmalm fraîchement sorties du nid. Hôte des forêts froides aux arbres âgés, la Tengmalm se signale surtout par son chant typique. Dès février, elle ponctue le silence nocturne de ses « hou-hou-hou-hou-hou », répétés à intervalles réguliers et portant loin. C'est de préférence dans le confort d'une loge creusée par le pic noir qu'elle établit son nid. Nourrie par le mâle, la femelle ne quitte guère la cavité durant la couvaison, et risque alors davantage la visite importune d'une martre, l'un de ses principaux prédateurs.

- **L** 26 cm ; **E** 58 cm ; **P m** 125 g, **f** 165 g
- forêts froides
- (500) 1 000-2 300 m
- Al, Ju, Py, Vo, (Mc)
- espèce protégée

La chevêchette d'Europe

Glaucidium passerinum • Strigidés

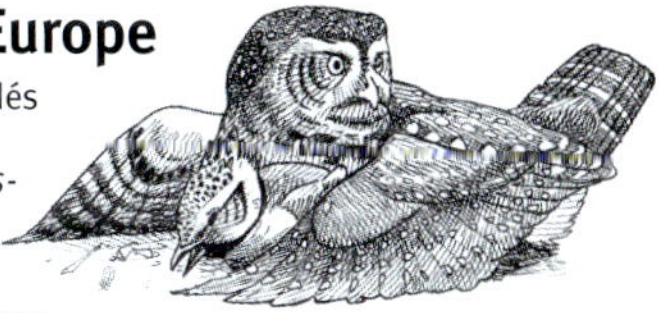

Passerinum vient du latin *passer*, qui signifie « moineau ». De fait, l'adorable chevêchette est à peine plus grande que notre « piaf », et détient le record du plus petit rapace nocturne d'Europe. Cela ne l'empêche pas d'être la hantise des petits passereaux de montagne, notamment des mésanges, qu'elle attaque par surprise. Des petits mammifères forestiers figurent également à son menu, et elle a pour habitude de stocker des proies dans diverses cavités. Chez la chevêchette, les parades se déroulent en deux temps : délimitation du territoire à l'automne, et véritables parades en mars-avril, avec choix de la cavité, le plus souvent un trou de pic épeiche, qui sera déblayé avant la ponte.

L 16 cm ;
E 35 cm ; **P** 65 g
forêts mixtes et de conifères
1 000-2 000 m
Al, Ju, Vo
espèce protégée

Le martinet à ventre blanc

Tachymarptis alba • Apodidés

L 22 cm ; **E** 54 m ; **P** 100 g

parois rocheuses calcaires

400-2 500 m

Al, Co, Ju, Mc, Py

espèce protégée

Sa silhouette est sans ambiguïté : cet oiseau est bâti pour voler, non pour marcher ou sautiller. C'est donc en l'air qu'il passe le plus clair de son temps, ne fréquentant le milieu rocheux que pour se reproduire, et encore... il s'accouple en vol, et c'est également en vol qu'il se saisit des matériaux nécessaires à la confection de son nid. Une fois n'est pas coutume, les deux époux couvent tour à tour, puis nourrissent fréquemment les jeunes, qui ne voleront pas avant l'âge de deux mois. Lorsque le martinet à ventre blanc nous frôle en montagne, on peut entendre le bruit de ses ailes fendant l'air à toute allure. Les insectes aériens n'ont qu'à bien se tenir, qui seront gobés sans formalité par son bec largement ouvert.

- L 47 cm ; E 73 cm ; P 280 g
- futaies de conifères, de feuillus ou mixtes
- 0-2 200 m
- tous massifs sauf Co
- espèce protégée

Le pic noir

Dryocopus martius • Picidés

Femelle

Dans l'ambiance feutrée de la hêtraie-sapinière, retentit un « klieu » sauvage et puissant. Le pic noir vient de se poser. C'est le plus grand des pics d'Europe, amateur de fourmis et de larves d'insectes du bois mort. Avec son béret rouge vif, le mâle a un petit air canaille. La femelle se contente d'une tache rouge à l'arrière de la tête, seule coquetterie dans le noir profond de son plumage. Tous deux exhibent ce rouge dans diverses postures lors de la formation du couple, qui requiert jusqu'à trois mois tant cet oiseau est de tempérament solitaire. Mutuellement apprivoisés, les conjoints se relaient pour forer de leur bec puissant une loge de nidification, l'un déblayant les copeaux de l'autre. Fort convoitée, cette cavité fera par la suite le bonheur d'une martre ou d'une chouette de Tengmalm.

Mâle

L 17 cm ; E 34 m ; P 21 g
parois rocheuses
400-2 300 m
Al, Co, Ju, Mc, Py
espèce protégée

L'hirondelle de rochers

Hirundo rupestris • Hirundinidés

Peu connue, la discrète hirondelle de rochers possède une livrée sans éclat, globalement gris-brun. Tandis que les individus du sud de la France sont sédentaires, les autres sont de retour au pays dès février. À l'abri d'un surplomb rocheux, à l'entrée d'un tunnel ou contre un bâtiment, le couple édifie en une dizaine de jours la coupe de boue et de salive qui accueillera les petits. Sociable, l'oiseau forme des colonies, mais les nids sont toujours à bonne distance les uns des autres. Prenez le temps d'admirer l'hirondelle de rochers dans sa chasse aux insectes : le long de la falaise, elle virevolte habilement, effectuant des changements de cap aussi fréquents que rapides qui la rendent difficile à suivre. Apercevrez-vous les petites taches blanches sur les plumes de sa queue ?

Le pipit spioncelle

Anthus spinoletta • Motacillidés

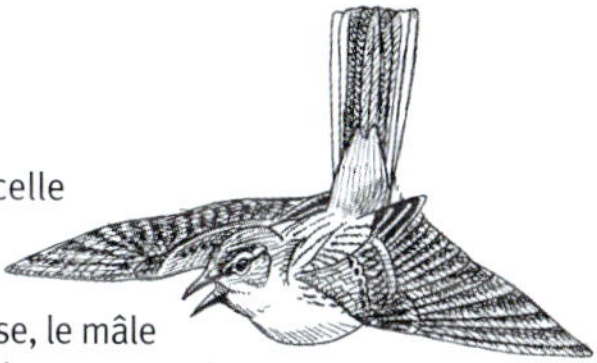

Discret de plumage, le pipit spioncelle se fait cependant remarquer au niveau des pelouses alpines à la belle saison. Comme pris d'allégresse, le mâle s'élève dans les airs, entonne une longue strophe, qui va s'accélérant tandis qu'il redescend doucement en parachute, ailes et queue déployées. Ce vol chanté est typique des pipits, proches parents des bergeronnettes. En cette saison, le spioncelle arbore une poitrine rosée caractéristique, mais l'hiver, sa poitrine rayée de brun rend son identification moins aisée. Cet insectivore fréquente alors les lieux humides des vallées et des plaines, et ne retrouvera que fin mars l'étage alpin, où il construira son nid d'herbe sèche à même le sol.

L 16 cm ; **E** 28 cm ; **P** 23 g

pelouses alpines

(0) 1 500-2 700 m

tous massifs

espèce protégée

La bergeronnette des ruisseaux

Motacilla cinerea • Motacillidés

L 21 cm ; **E** 29 cm ; **P** 18 g

eaux courantes aux rives rocheuses

0-2 400 m

tous massifs

espèce protégée

La bergeronnette des ruisseaux partage avec le cincle plongeur un goût exclusif pour les eaux vives et leurs abords immédiats, où tous deux camouflent leur nichée dans divers trous et fissures. Mais question style, que de différences ! Au corps rond et dodu du cincle, la bergeronnette oppose une silhouette svelte, se terminant par une queue aussi longue que celle du cincle est courte. Il fait la révérence, basculant vers l'avant, elle remue sans cesse la queue et l'arrière du corps (ne l'appelle-t-on pas « hochequeue » ?). Il vole de manière rectiligne, elle a opté pour d'élégantes ondulations. Il traque ses proies sous l'eau, elle virevolte, aérienne, pour capturer les siennes. Vous voudriez les confondre ?

Le cincle plongeur

Cinclus cinclus • Cinclidés

Vêtu d'un costume brun-noir orné d'un impeccable plastron blanc, le cincle est inféodé aux torrents et aux rivières rapides et bien oxygénées. Son plumage imperméable lui permet des exploits uniques chez les passereaux : il plonge, nage, et marche au fond de l'eau ! Là, remontant le courant, il débusque sous les pierres les divers invertébrés aquatiques dont il se nourrit (larves d'insectes, mollusques, crustacés...). Après une plongée qui peut durer vingt secondes, il refait surface, se laissant parfois dériver quelques instants, ailes écartées, avant de gagner d'un vol direct et rapide un rocher émergé. Quelques courbettes nerveuses, et le voilà qui plonge à nouveau...

L 18 cm ; **E** 30 cm ; **P** 60 g

rivières rapides, torrents

100-2 400 m

tous massifs

espèce protégée

L'accenteur alpin

Prunella collaris • Prunellidés

Ce robuste passereau n'a pas usurpé son qualificatif. On le rencontre en effet depuis la limite supérieure des arbres jusqu'aux abords des névés permanents. Les milieux combinant roche et herbe rase ont sa faveur, et il peut passer inaperçu dans les pierriers, trahissant sa présence par ses cris ou son chant. Plutôt confiant, il se laisse observer de près, condition nécessaire pour apprécier ses flancs striés de brun rougeâtre et distinguer les mouchetures de sa bavette. Lorsque les insectes et les araignées viennent à manquer, l'accenteur alpin se contente de graines, mais le mauvais temps conduit certains oiseaux à transhumer à basse altitude, d'autres à profiter des restaurants de montagne.

L 18 cm ; **E** 30 cm ; **P** 40 g

pelouses parsemées de rochers, éboulis, parois rocheuses

(0) 1 800-3 000 m

Al, Co, Py (Ju, Mc, Vo)

espèce protégée

- **L** 16 cm ; **E** 26 cm ; **P** 17 g
- rochers, falaises, (bâtiments)
- 0-3 000 m
- tous massifs
- espèce protégée

Le rougequeue noir

Phoenicurus ochruros • Turdidés

Mâle

Rupestre à l'origine, ce petit passereau couleur de suie à la queue rousse sans cesse tremblotante occupe désormais tout le territoire français, trouvant dans les constructions humaines un habitat minéral de substitution. Du haut d'un rocher ou d'un toit, le mâle lance sa petite ritournelle aiguë, souvent suivie d'un bruit de papier froissé caractéristique. Facile à voir et à entendre, le « ramoneur » se nourrit d'insectes, gobés en vol ou capturés au sol, et les baies lui fournissent un bon complément à l'automne. En octobre, la plupart des individus quittent nos contrées pour l'Afrique du Nord, tandis que d'autres, de plus en plus nombreux, séjournent chez nous toute l'année, restant silencieux durant l'hiver.

Jeune

Le traquet motteux

Oenanthe oenanthe • Turdidés

Mâle

L 15 cm ; E 24 cm ; P 25 g
milieux ouverts à végétation rase, parsemés de rochers
(0) 400-3 000 m
tous massifs
espèce protégée

Bien que farouche, le traquet motteux ne passe pas inaperçu l'été en montagne, où il se perche volontiers sur un rocher, une motte de terre... Son affection pour les petits monticules lui a d'ailleurs valu son nom. Le mâle en parure nuptiale se reconnaît à son manteau gris, ses ailes et son masque noirs. Plus pâle, la femelle présente comme son partenaire un croupion et une queue blanc pur ornée d'un motif noir en T, immanquable en vol. Au sol, où il capture insectes et petits invertébrés, le « cul blanc » se déplace avec agilité, s'arrêtant fréquemment en se tenant bien droit et en agitant la queue. Dès la mi-août, ce migrateur nocturne commence à nous quitter pour rejoindre l'Afrique tropicale.

Femelle

Le tarier des prés

Saxicola rubetra • Turdidés

L 13 cm ; **E** 24 cm ; **P** 18 g	
prairies de fauche humides	
0-2 500 m	
tous massifs	
espèce protégée	

Mâle

C'est une chance pour l'observateur, cet insectivore aime vivre perché, que ce soit pour chanter ou pour guetter ses proies ; grandes ombellifères et piquets de clôture font souvent l'affaire. De couleurs plus vives que la femelle, le mâle a la poitrine orangée et la tête brun-noir ornée d'un large sourcil blanc. Son chant peu puissant est mêlé d'imitations. Le mâle chante plus bas encore lorsqu'il fait le beau devant sa promise, ailes pendantes et queue déployée. Le nid du tarier des prés n'est, hélas, pas perché, petite coupe dissimulée dans l'herbe, souvent détruite, occupants compris, par une fauche trop précoce, menace parmi d'autres sur les populations de ce migrateur au long cours qui nous quitte en août-septembre.

Mâle

Le monticole de roche

Monticola saxatilis • Turdidés

L 18 cm ; **E** 35 cm ; **P** 64 g

versants rocheux secs et ensoleillé, pelouses, alpages

1000-2400 m

Al, Mc, Py, (Ju, Vo)

espèce protégée

Femelle

Quel est donc le joyau de plumes perché au sommet de ce gros rocher émergeant de la pelouse alpine ? La couleur orangée de son ventre fait écho à celle des lichens qui ornent son perchoir et contraste avec le brun de ses ailes et le bleu-gris de sa tête. Le mâle de monticole de roche en habit de noces n'a rien à envier aux oiseaux d'Afrique tropicale qu'il côtoie durant l'hiver. Globalement brune, sa conjointe est beaucoup plus discrète. Tous deux possèdent une queue rousse qu'ils agitent fréquemment. De retour chez nous à partir d'avril, cet insectivore se fait également remarquer par son vol nuptial : le mâle s'élève lentement, effectue quelques cercles, puis redescend, ailes et queue déployées, le tout sans cesser de chanter.

Mâle

La grive draine

Turdus viscivorus • Turdidés

Présente quasiment partout en France, la plus grosse de nos grives doit son nom d'espèce, *viscivorus* (littéralement, qui avale le gui), à son goût marqué en hiver pour les baies de ce végétal parasite, dont elle dissémine les graines collantes. Diverses autres baies figurent à son menu estival, ainsi que vers, mollusques et insectes. Se nourrissant au sol, notamment dans les alpages en été, la grive draine se reconnaît à sa silhouette fièrement dressée et à son ventre rebondi constellé de grosses taches rondes. Sensible au dérangement, elle proteste par des cris rauques. Rappelant celui du merle noir, mais moins diversifié et à la tonalité plus mélancolique, son chant se fait entendre dès février.

L 26 cm ; **E** 46 cm ; **P** 115 g

milieux boisés

(0) 1 000-2 300 m

tous massifs

Le merle à plastron

Turdus torquatus • Turdidés

- **L** 27 cm ; **E** 42 cm ; **P** 110 g
- 1200-2400 m
- forêts de conifères
- Al, Ju, Mc, Py, Vo, (Ar)
- espèce protégée

Les bordures supérieures des forêts jouxtant les pelouses d'altitude sont de bons endroits pour faire connaissance avec le merle à plastron, qui, comme son cousin le merle noir, fouille le sol à la recherche de vers de terre. Un large croissant blanc sur la poitrine caractérise cet habitant des forêts de conifères, ainsi qu'un noir moins profond pour l'ensemble du plumage et une bordure extérieure pâle pour les ailes. Le mâle est plus contrasté que la femelle. Si son chant évoque par sa sonorité celui du merle noir, sa structure se rapproche davantage de celui de la grive musicienne, avec de courts motifs répétés. Pour la plupart migrateurs, les merles à plastron nous reviennent dès le mois de mars.

L 13 cm ; E 19 cm ; P 13 g

lieux humides avec buissons ou hautes herbes

(0) 400-2 300 m

Al, Ar, Ju, Vo

espèce protégée

La rousserolle verderolle

Acrocephalus palustris • Sylvidés

Dessus brun grisâtre, dessous blanc jaunâtre, ce n'est pas par son plumage que la rousserolle verderolle attire l'attention, d'autant qu'elle se montre peu volontiers. Son chant, lui, ne peut passer inaperçu, véritable récital d'imitations d'autres oiseaux, mêlées de sons grinçants propres aux rousserolles. Cette imitatrice hors pair chante à gorge déployée, perchée mais souvent cachée par la végétation. Elle ne nous revient qu'assez tardivement de ses quartiers d'hiver africains, pour lesquels elle repart de fin juillet à septembre, effectuant sa migration de nuit. Entre-temps, le couple aura mené à bien une couvée de quatre à cinq petits, dans un nid attaché aux tiges d'un buisson ou d'une haute plante herbacée.

La fauvette babillarde

Sylvia curruca • Sylvidés

L 13 cm ; **E** 19 cm ; **P** 12 g
milieux semi-ouverts avec buissons et arbustes
(0) 800-2 500 m
Al, Ar, Ju, Vo
espèce protégée

Émis à l'abri d'un buisson, le chant de cette fauvette n'a de prime abord rien d'un babil. C'est un « rututututu » propre et sans fioritures. Cependant, de plus près, on remarque qu'il est parfois précédé d'un gazouillis mélodieux émis tout bas. Migratrice nocturne, la fauvette babillarde séjourne chez nous d'avril à septembre, le temps de mener à bien deux couvées, nichant aussi bien en plaine qu'en montagne, jusqu'à plus de 2 000 m. Elle se nourrit de petits insectes récoltés sur les rameaux et les feuilles, ainsi que de baies à l'automne. Les deux conjoints participent à la construction du nid, à la couvaison et à l'élevage des jeunes, qui savent voler en moins de deux semaines.

Le roitelet huppé

Regulus regulus • Sylvidés

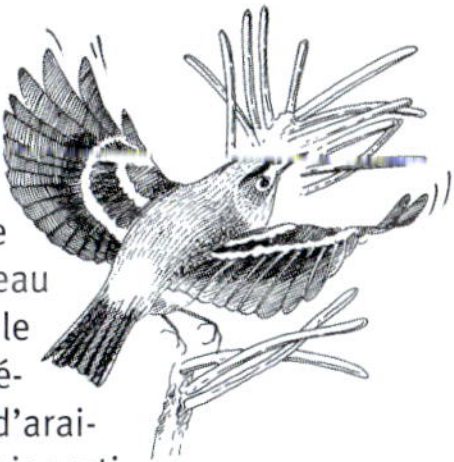

C'est dans les frondaisons des conifères, où il suspend son nid, que circule cette minuscule boule de plumes. Plus petit oiseau d'Europe après le roitelet à triple bandeau, le roitelet huppé virevolte sans cesse à l'extrémité des rameaux en quête d'insectes et d'araignées. Strictement insectivore, il craint les hivers rigoureux, qui affectent ses populations en le privant de nourriture. Il a en revanche bénéficié des plantations de résineux, qui ont significativement étendu la surface de son habitat. Observé dans de bonnes conditions, le roitelet huppé, plus montagnard que son cousin, s'en distingue par l'absence de sourcil blanc et de trait noir sur l'œil.

- **L** 9 cm ; **E** 16 cm ; **P** 6 g
- forêts de conifères
- (0) 500-2 400 m
- tous massifs
- espèce protégée

La mésange noire

Parus ater • Paridés

L 11 cm ; **E** 18 cm ; **P** 12 g

forêt de résineux (forêts mixtes)

(0) 800-2 300 m

tous massifs

espèce protégée

Un petit air de mésange nonnette, mais un plumage un peu plus contrasté, avec, surtout, une tache blanche sur la nuque, caractéristique : telle se présente la mésange noire. Grande amatrice de conifères, elle y recherche sa nourriture (insectes, graines...), souvent près de la cime, en émettant des cris très fins, parfois à peine perceptibles. Son chant peut s'entendre dès la fin de l'hiver, mais bat son plein en avril, au moment de choisir l'emplacement du nid. Moins regardante à ce sujet que ses cousines d'altitude, la mésange noire confectionne sa coupe de mousse dans un trou d'arbre, de mur, ou même dans un nichoir artificiel.

La mésange huppée

Parus cristatus • Paridés

Avec la très élégante mésange huppée, les résineux ne sont jamais loin. Il peut lui suffire d'un seul petit groupe de ces arbres pour s'installer, parfois même dans un parc urbain. Elle se signale le plus souvent par ses cris roulés ponctués de « ssi ssi ssi », dont elle est très prodigue tout au long de l'année. Lorsqu'elle se montre à découvert, un coup d'œil suffit à la reconnaître, grâce à sa huppe noir et blanc qui lui fait comme un petit chapeau pointu. À la belle saison, la mésange huppée satisfait son goût pour les insectes en inspectant activement les rameaux. L'automne venu, graines et semences de conifères lui permettent de rester en altitude.

- **L** 12 cm ; **E** 20 cm ; **P** 12 g
- forêt de résineux (forêts mixtes)
- (0) 800-2 300 m
- tous massifs sauf Co
- espèce protégée

La mésange boréale (ou alpestre)

Parus montanus montanus • Paridés

L 13 cm ; **E** 19 cm ; **P** 11 g
forêts de conifères, aulnaies
600-2 400 m
Alpes
espèce protégée

La mésange alpestre a l'air typique : silhouette trapue, grosse tête aux joues crème, calotte et petite bavette noires. Mais deux sosies guettent l'observateur : la mésange des saules et la mésange nonnette. Les différences de plumage sont subtiles. Cependant, la mésange boréale est la plus montagnarde et possède un cri caractéristique, un « tsi tsi kéé kéé » nasillard et légèrement traînant. Elle creuse elle-même son nid, de préférence dans le bois pourrissant d'un tronc ou d'une souche. Appréciant les graines de conifères, elle passe à la belle saison à un régime « carné », essentiellement composé d'insectes et de leurs larves.

L 14 cm ; **E** 25 cm ; **P** 20 g

forêts de feuillus

0-2 100 m

tous massifs sauf Co

espèce protégée

La sittelle torchepot

Sitta europaea • Sittidés

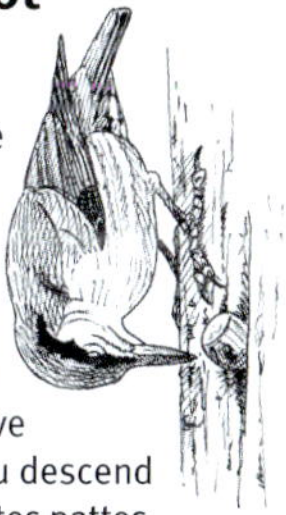

Assez commune et présente depuis la plaine, la sittelle torchepot n'est pas banale pour autant. Choisissant pour faire son nid une vieille loge de pic ou une cavité naturelle, elle en ajuste le diamètre de l'entrée avec un mélange de salive et de boue, d'où son nom. Acrobate née, elle grimpe ou descend tête en bas le long des troncs à la seule force de ses petites pattes, dans une quête incessante d'insectes vivant sous les écorces. À l'automne, elle apprécie les noisettes, qu'elle coince dans une fissure pour les percer à grands coups de bec sonores. Absente des montagnes corses, elle y est remplacée par la sittelle corse (*Sitta witheheadi*), endémique de l'île de Beauté, plus petite que sa cousine et possédant un sourcil blanc caractéristique. Très liée au pin laricio, la sittelle corse niche jusqu'à 1800 m.

Le tichodrome échelette

Tichodroma muraria • Tichodromadidés

Voici un original. Peu le connaissent car il fréquente le plus souvent des lieux inaccessibles. Le tichodrome échelette est un grimpeur né, les parois abruptes et humides sont son domaine. Par petits bonds, il escalade la roche avec agilité, explorant méthodiquement le moindre interstice à l'aide de son long bec fin et arqué pour y déloger quelque insecte engourdi. Cette quête incessante passe cependant facilement inaperçue car son dos gris se confond admirablement avec la pierre. C'est par son vol papillonnant que le tichodrome se fait remarquer, déployant de superbes ailes arrondies au motif rouge sang et noir agrémenté de quelques pastilles blanches. Un enchantement.

- **L** 16 cm ; **E** 27 cm ; **P** 20 g
- parois rocheuses
- 1000-3000 m
- Al, Py, (Ju, Mc)
- espèce protégée

Le grimpereau des bois

Certhia familiaris • Certhiidés

L 12 cm ; E 20 cm ; P 9 g
forêts de conifères et mixtes, (forêts de feuillus)
800-2 300 m
tous massifs
espèce protégée

Ce passereau bien nommé vit dans les forêts, où, effectivement, il grimpe, s'aidant de ses pattes et de sa queue à la manière des pics. Décrivant une spirale, il escalade les troncs dans une méticuleuse inspection de l'écorce, qui recèle les petits insectes et autres invertébrés dont il se saisit de son bec fin et arqué. Ne seraient ses mouvements de souris et ses petits cris fins et aigus, le grimpereau des bois passerait inaperçu, son plumage à dominante brune lui assurant une parfaite discrétion lorsqu'il est agrippé à un arbre. En tout point semblable au grimpereau des jardins, qui vit plus bas en altitude, il possède néanmoins une voix différente, qui est le meilleur moyen de le reconnaître, sauf quand il se met à imiter son cousin...

Le cassenoix moucheté

Nucifraga caryocatactes • Corvidés

Que ferait le pin cembro sans le cassenoix moucheté ? Les graines du premier, dont la dispersion naturelle est limitée par leur poids, sont en effet le mets favori du second en altitude. À l'aide de son bec puissant, le cassenoix décortique les cônes du résineux sur une souche ou un rocher, et, dès la fin de l'été, enfouit une partie des graines dans le sol. Doté d'une excellente mémoire, il retrouve ses cachettes l'hiver venu, même sous la neige. Toutes ne sont pas exploitées, et ainsi peuvent germer de futurs petits bouquets de pins cembros. Corvidé « sylviculteur », le cassenoix se reconnaît facilement à son joli plumage brun chocolat parsemé de gouttes blanches.

- **L** 33 cm ; **E** 55 cm ; **P** 175 g
- forêts de conifères
- 1 500-2 400 m
- Al, Py, Ju, (Mc)
- espèce protégée

- **L** 57 cm ; **E** 1,24 m ; **P** 1,150 kg
- parois rocheuses (forêts, falaises côtières)
- jusqu'à 3 000 m
- Al, Co, Ju, Mc, Py, Vo
- espèce protégée

Le grand corbeau

Corvus corax • Corvidés

Le vol du grand corbeau est très souvent un spectacle étonnant. Adepte de l'acrobatie aérienne, le plus grand des passereaux effectue même de courts vols sur le dos. Sa grande envergure, son gros bec, et surtout sa queue cunéiforme, le distinguent des autres corvidés. Ses cris sont également caractéristiques. Plus commun autrefois, il se repaissait des cadavres sur les champs de bataille et les gibets. Pourchassé à cause de sa mauvaise réputation, il s'est réfugié en montagne, mais a depuis largement reconquis du terrain. Généralement unis pour la vie, les grands corbeaux s'accouplent dès janvier-février, et élèvent quatre à six jeunes dans un nid de branchages.

Le crave à bec rouge

Pyrrhocorax pyrrhocorax • Corvidés

Que de grâce, chez cet oiseau ! Il faut l'avoir vu en vol, jouant avec le vent, effectuant les figures aériennes les plus osées, pour apprécier pleinement son élégance et sa beauté. Là où cohabitent falaises et pelouses d'altitude, les premières pour le nid, les secondes pour la nourriture, existe une chance de rencontrer ce corvidé au plumage noir brillant. *Pyrrhocorax* vient du grec *pyrrhos* (rouge feu) et *korax* (corbeau). De fait, le crave n'a de rouge que les pattes et le bec qui lui a valu son nom. Long et recourbé, ce bec couleur corail lui est fort utile pour rechercher insectes, larves, mollusques et autres vers, et le distingue de son proche cousin, le chocard... à bec jaune.

L 38 cm ; **E** 80 cm ; **P** 320 g

falaises abruptes (falaises côtières), pâturages

800-3 000 m

Al, Py, Mc

espèce protégée

Le chocard à bec jaune

Pyrrhocorax graculus • Corvidés

Celui que de nombreux randonneurs nomment encore à tort « choucas » (ce que signifie paradoxalement le latin *graculus*) s'approche d'eux sans crainte dès que le pique-nique est sorti du sac. C'est une belle occasion de détailler son plumage et sa silhouette, très semblable à celle du crave à bec rouge. Son bec à lui est jaune, moins long et incurvé que celui de son cousin, et sa voix est également bien différente. Comme le crave, le chocard aime se jouer des courants aériens, et on le voit souvent en groupes, parfois de plusieurs centaines d'individus. Fidèles leur vie durant, les couples de chocard bâtissent un nid inaccessible, dans une anfractuosité rocheuse, un gouffre, sur une corniche...

- **L** 37 cm ; **E** 75-80 cm ; **P** 250 g
- falaises abruptes
- 800-3 500 m et plus
- Al, Co, Py
- espèce protégée

La niverolle alpine

Montifringilla nivalis • Passéridés

Les habitués des stations de ski connaissent certainement celle qu'on appelle parfois « pinson des neiges ». Du pinson, la niverolle alpine en possède effectivement l'allure, bien qu'elle appartienne à la famille des moineaux. Quant à la neige, elle n'en est jamais très loin, cherchant souvent graines et insectes en bordure des névés. C'est une « accro » de la haute montagne, qui ne cède que peu d'altitude durant la mauvaise saison. Son plumage la rend discrète lorsqu'elle est posée, mais en vol, elle dévoile des ailes et une queue noir et blanc aux motifs caractéristiques, qui captivent le regard lorsqu'elle se déplace en groupe de plusieurs dizaines d'individus.

L 16 cm ; **E** 33 cm ; **P** 40 g

pentes rocheuses, pelouses rocailleuses, bordures de névés et de glaciers

2 000-3 500 m

Al, Py, (Co)

espèce protégée

L 12 cm ; E 21 cm ; P 15 g

forêts de feuillus, forêts de conifères

(0) 1 200-2 400 m

Al, (Ar, Ju)

espèce protégée

Le sizerin cabaret

Carduelis cabaret • Fringillidés

Comme le tarin des aulnes, qu'il côtoie volontiers durant l'hiver, le sizerin cabaret, auparavant appelé sizerin flammé, est friand des graines d'aulnes et de bouleaux. Il effectue d'ailleurs les mêmes acrobaties sur les fragiles rameaux. Si les adultes sont essentiellement granivores, les poussins sont surtout nourris de menus insectes. Mâle et femelle ont le menton noir et sont frappés du même « sceau » rouge sur le front, mais seul le mâle présente du rouge rosé à la poitrine. Pour le reste, le plumage du sizerin est assez neutre et l'oiseau passerait facilement inaperçu sans ses cris et son chant métallique, que le mâle émet au cours d'un vol nuptial papillonnant et circulaire.

Mâle

Le tarin des aulnes

Carduelis spinus • Fringillidés

Des aulnes, il en raffole, et l'hiver le voit investir les fins rameaux, où il se suspend à la manière des mésanges pour extraire les graines des petits cônes. C'est la meilleure saison pour l'observer, car il est alors présent partout en France et vient parfois aux mangeoires. Ses troupes nombreuses, pouvant être composées d'oiseaux d'Europe du Nord ou de l'Est, se signalent immanquablement par un joyeux cliquetis. En période de nidification, il est beaucoup plus rare de voir le tarin des aulnes, alors très discret dans les forêts de montagne, mais son chant aide à le repérer au printemps. Le tarin dépend de la production de graines des conifères, notamment des épicéas, et ses populations sont de ce fait très fluctuantes.

- **L** 11 cm ; **E** 21 cm ; **P** 13 g
- forêts de conifères, (forêts mixtes)
- (0) 400-2 000 m
- tous massifs
- espèce protégée

Le venturon montagnard

Serinus citrinella • Fringillidés

Son nom le dit sans détour : c'est en montagne que vit le venturon, même si l'hiver le voit se rapprocher des vallées ensoleillées, et que ses congénères corses, parfois considérés comme appartenant à une espèce distincte, se rencontrent aussi au niveau de la mer, dans le maquis. Plutôt discret mais très actif, cet amateur de graines se repère à ses cris métalliques lorsqu'il se déplace en petits groupes de son vol ondulant. Également typique, son chant rappelle celui du chardonneret, en plus aigu ; les mâles l'émettent notamment en vol nuptial, papillonnant autour des résineux. Jaune, vert et gris composent l'habit du venturon, moins vif chez la femelle, qui construit seule le nid et couve deux semaines durant.

L 13 cm ; **E** 22 cm ; **P** 13 g

prés, bois, lisières et clairières des forêts de résineux

600-2 700 m

Al, Co, Ju, Mc, Py, Vo

espèce protégée

Le bouvreuil pivoine

Pyrrhula pyrrhula • Fringillidés

Dans la lumière hivernale, un mâle de bouvreuil perché sur un arbre enneigé, voilà une vision qui ne s'oublie pas. Son ventre rouge vif, son dos gris, ses ailes noires marquées d'une virgule blanche et sa queue noire offrent de beaux contrastes. La femelle lui ressemble en tout point, hormis le brun-beige qui remplace le rouge, la rendant plus discrète. Tous deux possèdent un croupion blanc pur bien visible en vol. Le bec court et fort du bouvreuil est un excellent outil pour décortiquer les graines et les bourgeons dont il est friand au printemps. Son cri, un « tiou » doux et plaintif, ne porte pas loin mais se reconnaît sans peine.

L 17 cm ;
E 28 cm ;
P 25 g

forêts, vergers

0-2 100 m

tous massifs sauf Co

espèce protégée

Mâle

Le grosbec casse-noyaux

Coccothraustes coccothraustes • Fringillidés

La taille de son bec conique augure bien de la puissance de ses mandibules, capables de broyer les noyaux de cerises et autres graines à enveloppe coriace dont il se nourrit. Au retour de la belle saison, le farouche grosbec fait son régal de pousses et de bourgeons. S'activant la plupart du temps en haut des frondaisons, il n'est pas des plus aisés à observer. Avare d'un chant par ailleurs assez discret, il se signale le plus souvent par des « tsik ! » explosifs, qui permettent de le localiser. Aucun doute possible sur son identité, ne serait-ce que grâce à sa grosse tête à l'aspect velouté. Il faut vite en profiter pour admirer son magnifique plumage, car le grosbec aura tôt fait de s'envoler plus loin.

- **L** 18 cm ; **E** 30 cm ; **P** 55 g
- forêts de feuillus ou mixtes
- 0-1 700 m
- tous massifs
- espèce protégée

Le bec-croisé des sapins

Loxia curvirostra • Fringillidés

Cherchant pitance en bande dans les frondaisons des conifères, le bec-croisé des sapins se détecte aux « kep-kep » métalliques qu'il émet fréquemment. Ce robuste passereau à la queue échancrée fait figure d'original avec son bec aux mandibules croisées. À l'aide de cet outil spécialisé, il extrait avec aisance les graines des cônes de résineux, dont la maturation détermine sa propre période de reproduction. Il est ainsi souvent conduit à nicher au cœur de l'hiver. Haut perché dans un épicéa ou un sapin, le nid de brindilles accueille trois à quatre œufs. Brun-gris strié chez le jeune, le plumage du bec-croisé deviendra rouge brique chez le mâle, jaune verdâtre chez la femelle.

L 16 cm ; **E** 28 cm ; **P** 34 g
forêts de conifères
800-2 300 m
tous massifs
espèce protégée

Mâle

L 16 cm ; E 24 cm ; P 20 g

pentes rocailleuses ensoleillées, avec buissons et arbres épars

(0) 800-2 400 m

Al, Mc, Ju, Py, Vo

espèce protégée

Le bruant fou

Emberiza cia • Embérizidés

Le nom de ce granivore vient de l'époque où sa chair était légalement consommée. Facilement capturé, l'oiseau était considéré par les piégeurs comme un peu stupide... D'affinités méridionales, le « fada » apprécie les versants d'adret secs et ensoleillés. Souvent à terre ou camouflé dans la végétation, c'est perché sur un rocher ou un buisson d'épineux qu'il lance sa petite ritournelle aigrelette, offrant l'occasion de l'observer en détail : gorge et poitrine gris cendré, tête assortie ornée de trois bandes noires, ventre brun roux, croupion roux, que le mâle exhibe lors de ses démonstrations nuptiales. Moins contrastée, la femelle assure la construction du nid et la couvaison. À la mauvaise saison, le bruant fou gagne en petits groupes les vallées et les plaines.

La vipère aspic

Vipera aspis • Vipéridés

Comme la vipère péliade, l'aspic fait ses premières sorties au printemps, les mâles précédant souvent les femelles. Elle se chauffe alors longuement au soleil, parfois bien en vue, l'air indolent. Après avoir vécu sur ses réserves, il lui faut également chasser : campagnols, mulots, lézards... qu'elle repère principalement à l'odeur grâce à sa langue fourchue. Celle-ci est en effet reliée à un organe particulier dédié au goût et à l'odorat. Si sa vue est très bonne, la vipère aspic n'entend pas très bien. Elle est en revanche très sensible aux vibrations du sol, s'enfuyant le plus souvent bien avant que vous l'ayez repérée. Il vous faudra marcher à pas de velours si vous voulez l'approcher, et distinguer sa pupille verticale, caractéristique des vipères (celle des couleuvres est ronde).

- **L** 50-70 (80) cm ; **P** 150 g
- coteaux secs et rocailleux, broussailles, lisières, landes, éboulis
- 0-2 500 (3 000) m
- tous massifs sauf Co

L m 50-90 cm, **f** 65-80 cm ; **P** 100-200 g
marais, tourbières, landes, éboulis
0-1 700 m
Ar, Ju, Mc, (Vo)

La vipère péliade

Vipera berus • Vipéridés

Inutile d'espérer voir la vipère péliade entre octobre et mars. Elle est alors sous terre, hivernant dans un terrier de petit rongeur ou une autre cavité à l'abri du gel. Très semblable à la vipère aspic par son aspect, elle s'en distingue notamment par un museau arrondi (celui de l'aspic est retroussé) et un motif en zigzag plus épais sur le dos. Elle fréquente par ailleurs des milieux plus frais et plus humides. Petits mammifères, lézards, et grenouilles constituent son ordinaire. Comme les autres vipères, la péliade est ovovivipare : recouverts d'une simple membrane, ses œufs éclosent juste avant ou pendant la ponte.

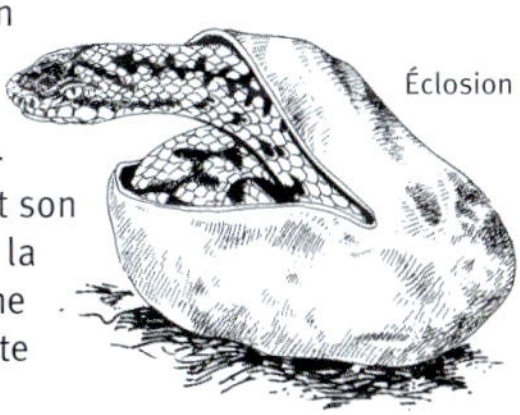
Éclosion

Le lézard vivipare

Zootoca vivipara • Lacertidés

L 15 cm ; P 3,5 g

clairières, lisières, landes et prairies humides, marais, tourbières

0-2 500 m

tous massifs sauf Co

espèce protégée

Pour survivre en haute altitude, le lézard vivipare a opté, comme les vipères, pour l'incubation des œufs dans le ventre de la mère. Curieusement, cependant, dans les Pyrénées, cette même espèce pond des œufs. Ce petit lézard apprécie les milieux frais et humides, notamment les tourbières, et il est fréquemment la proie de la vipère péliade, qui se plaît dans des habitats similaires. Il grimpe, mais vit essentiellement au sol, où il capture notamment des insectes, et peut se réfugier sous l'eau en cas de danger. Le dessus de son corps est de teinte variable, brun, grisâtre ou verdâtre, et présente des motifs qui varient également. Sa gorge est généralement blanchâtre et son ventre orangé.

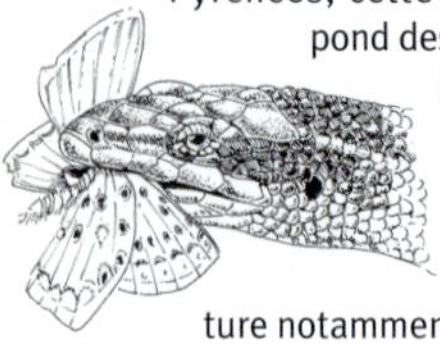

La grenouille rousse

Rana temporaria • Ranidés

Vous les avez vues en été, dans l'herbe humide près d'un lac, ces minuscules grenouilles bondissant sous vos pas. Elles sont les survivantes d'une ponte de plusieurs milliers d'œufs, déposée au printemps sur les végétaux en eau peu profonde, alors que la neige est encore présente alentour. Répandue dans presque toute l'Europe, la grenouille rousse est plus montagnarde dans le sud de son aire de répartition, et tutoie les neiges éternelles. Rousse, elle peut l'être, mais ses teintes sont très variables, et le dessus de son corps irrégulièrement tacheté de sombre. On peut la confondre avec les autres grenouilles brunes ; des pattes plus courtes, ainsi qu'un museau court et arrondi, aident à la distinguer.

L jusqu'à 11 cm ; **P** 30 g

zones humides, tourbières, landes, forêts

0-2 500 (3 000) m

tous massifs sauf Co

Le triton alpestre

Triturus alpestris • Salamandridés

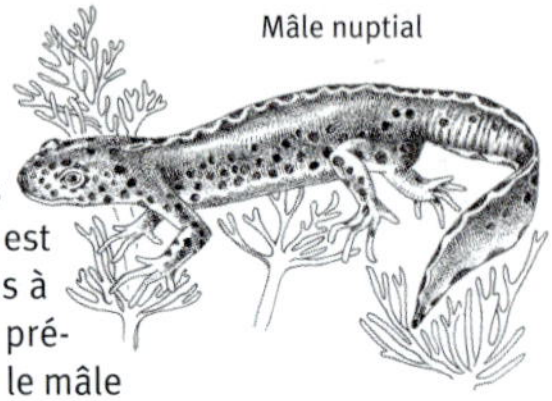

Mâle nuptial

Malgré son nom, ce triton n'est pas spécifiquement inféodé à l'altitude. Il est cependant l'un des rares batraciens à vivre en montagne. Mâle et femelle présentent un ventre orangé, mais c'est le mâle en période nuptiale qui possède la plus jolie parure : il arbore alors une crête dorsale jaunâtre tachée de noir, et sur les flancs une ligne bleue du plus bel effet. Pas de véritable accouplement chez les tritons alpestres, mais une parade amoureuse, au terme de laquelle les œufs sont fécondés dans le cloaque de la femelle. Écloses au bout de deux à quatre semaines, les larves passent quelques mois dans l'eau avant la métamorphose qui leur permet de quitter le milieu aquatique.

L m jusqu'à 9 cm, **f** jusqu'à 12 cm
P 2-5 g

lacs, mares

0-2 500 m

Al, Ar, Ju, Mc, Vo

espèce protégée

- **L** jusqu'à 20 cm ; **P** 20-50 g
- forêt de feuillus fraîches et humides
- 1 000-1 500 m
- tous massifs
- espèce protégée

La salamandre tachetée

Salamandra salamandra • Salamandridés

Essentiellement nocturne, la salamandre tachetée ne s'observe pas couramment. Elle peut cependant se déplacer de jour par temps de pluie ; on a alors tout le loisir de l'admirer car elle est très lente. Sa livrée noire marquée de taches jaunes ou rougeâtres permet de l'identifier au premier coup d'œil. Ses couleurs vives signalent à d'éventuels prédateurs qu'une mauvaise surprise les attend : ingérée, la substance toxique sécrétée par les glandes cutanées de la salamandre risque en effet de leur être fatale. Aimant l'humidité, la salamandre tachetée est pourtant terrestre, et n'aborde les eaux fraîches et pures que pour y déposer ses larves, après une gestation qui peut durer huit mois !

La salamandre noire / La salamandre de Lanza

Salamandra atra / Salamandra lanzai • Salamandridés

Salamandre de Lanza

Elles sont rares, elles sont noires, et ne vivent que dans les Alpes. La première se rencontre en Haute-Savoie, la seconde dans le massif du Queyras, dans les Hautes-Alpes. Jusqu'en 1988, on les considérait comme une seule espèce. Des études génétiques ont alors permis de décrire la salamandre de Lanza, qui présente des différences visibles avec sa cousine : plus grande taille, queue au bout arrondi et non pointu, pattes partiellement palmées. Au terme d'une gestation dont la durée augmente avec l'altitude (jusqu'à quatre ans !), toutes deux mettent au monde trois à six petits entièrement formés, qui ont effectué leur métamorphose dans l'utérus maternel.

L jusqu'à 12 cm / 15 cm ; **P** 10-30 g

forêts mixtes, prairies alpines / prairies alpines, éboulis karstiques

400-2 400 m / 1 600-2 200 m

Al

espèces protégées

Salamandre noire

La truite fario

Salmo trutta fario • Salmonidés

La truite fario de rivière est un beau poisson au corps fuselé, à la robe généralement gris argenté parsemée de taches noires et rouges cerclées de blanc. Vivant dans la partie supérieure des eaux vives, fraîches et riches en oxygène, elle a été introduite dans de nombreux lacs de montagne, où sa présence porte une sérieuse atteinte aux populations de tritons alpestres, dont elle dévore les œufs et les larves. Elle se reproduit l'hiver, après une migration vers l'amont qui peut atteindre plusieurs kilomètres et la conduit peu ou prou sur son lieu de naissance. Avec sa nageoire caudale, la femelle ménage une cuvette dans le gravier, y dépose quelques milliers d'œufs, que le mâle arrose de laitance, puis les œufs sont recouverts de gravier, et laissés aux bons soins de dame Nature...

↕	**L** 20-50 cm ; **P** 200-400 g
⌂	rivières, lacs
◢	200-2 500 m
▲	tous massifs

L'omble chevalier

Salvelinus alpinus • Salmonidés

L 25-50 cm ;
P 400 g

lacs froids
et bien oxygénés

jusqu'à 2 800 m
(alevinages)

Al, Ju, Mc, Py, Vo

D'aspect semblable à celui de la truite, l'omble chevalier doit sa présence dans les lacs de montagne à des introductions. Il n'y a guère que dans les lacs Léman, du Bourget et de Paladru (Isère) qu'il soit autochtone. Organismes planctoniques, larves d'insectes, vers et petits poissons constituent son ordinaire. Variables en fonction de l'âge et du milieu, ses couleurs sont particulièrement marquées au moment du frai : dos gris bleuté, flancs ponctués de taches rose orangé, ventre rouge vif, gorge jaune ; ensuite, ses couleurs sont moins vives. L'omble pond entre octobre et janvier, dans le gravier des grands lacs profonds. En haute altitude, le manque de nourriture lui interdit de dépasser les 23 cm.

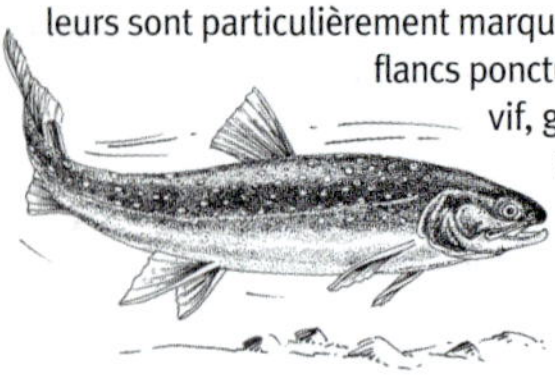

Le vairon

Phoxinus phoxinus • Cyprinidés

Observer un banc de vairons est bon signe. Très exigeant quant à la pureté de l'eau, ce petit poisson grégaire est en effet un bon indicateur de sa qualité. Pour qu'il s'y plaise et s'y reproduise, celle-ci doit être claire et bien oxygénée. Elle doit également comporter un fond graveleux, où le vairon pourra déposer ses œufs adhésifs, d'avril à juin-juillet. Reconnaissable à son dos brun-vert marqué de bandes verticales sombres, le vairon est plus vivement coloré en période de frai : le mâle arbore alors un ventre rouge, et ses nageoires pectorales, ventrales et anale deviennent rouges également. Compagnon de la truite, dont il est souvent la proie, le vairon consomme notamment des petits invertébrés et des débris végétaux.

L 8-12 cm ;
P jusqu'à 15 g

cours d'eaux rapides,
lacs peu profonds

jusqu'à 2 500 m

tous massifs sauf Co

Coordonnées utiles

Parc national des Écrins
Domaine de Charance – 05000 Gap
Tél.: 04 92 40 20 10 – Fax: 04 92 52 38 34
E-mail: ecrins-parcnational@espaces-naturels.fr
Site Internet: www.les-ecrins-parc-national.fr

Parc national des Cévennes
Le Château – 6 bis, place du Palais – BP 15 – 48400 Florac
Tél.: 04 66 49 53 00 – Fax: 04 66 49 53 02
E-mail: info@cevennes-parcnational.fr
Site Internet: www.cevennes-parcnational.fr

Parc national du Mercantour
23, rue d'Italie – BP 1316 – 06006 Nice Cedex 1
Tél.: 04 93 16 78 88 – Fax: 04 93 88 79 05
Site Internet: www.mercantour.eu

Parc national des Pyrénées
Villa Fould – 2, rue du IV-Septembre
BP 736 – 65007 Tarbes
Tél. : 05 62 54 16 40 – Fax : 05 62 54 16 41
E-mail: pyrenees.parc.national@espaces-naturels.fr
Site Internet: www.parc-pyrenees.com

Parc national de la Vanoise
135, rue Docteur-Julliand – BP 705 – 73007 Chambéry Cedex
Tél.: 04 79 62 30 54 – Fax: 04 79 96 37 18
E-mail: parc.national@vanoise.com
Site internet: www.vanoise.com

Crédit des illustrations

Emmanuel Cappe: 37, 39, 42, 43, 45 à 51, 55 à 57, 64, 67, 70 à 74, 80

Noël Gouilloux/Catiche Productions: 12 à 36, 38, 40, 41, 44, 52 à 54, 58 à 63, 65, 66, 68, 69, 75 à 79, 81 à 91

Crédits photographiques

Un grand merci au Parc national des Écrins (Sylvine Aubert et Pascal Saulay), au Parc national du Mercantour (Éric Le Bouteiller) et au Parc national de la Vanoise (Patrick Folliet) pour le temps consacré à la mise à disposition des images.

Bernard Bellon : 17, 20, 41
Philippe Benoît/Parc national de la Vanoise : 40
Jean-Marc Blache : 89, 90, 91
Jacques Blanc/Parc national du Mercantour : 62
Christian Bouchardy/Catiche Productions : 28, 32
Michel Bouche/Parc national de la Vanoise : 7, 26, 34, 86
Robert Chevalier/Parc national des Écrins : 44, 46, 49, 53
Denis Christen : 63
Didier Colin : 69
Damien Combrisson/Parc national des Écrins : 54, 55, 56, 57, 67, 70, 71, 72, 75, 79, 80
Marc Corail/Parc national des Écrins : 23, 83
Christian Couloumy/Parc national des Écrins : 36, 64
Cyril Coursier/Parc national des Écrins : 30, 78
Bruno Descaves/Parc national de la Vanoise : 47
Pascal Dubois : 50, 60
Alexandre Garnier/Parc national de la Vanoise : 15, 22, 42
Emmanuel Faure/Parc national de la Vanoise : 4-5
Christophe Ferrier/Parc national de la Vanoise : 14
Denis Fiat/Parc national des Écrins : 21, 29, 37, 39, 68, 76
Patrick Folliet/Parc national de la Vanoise : 27, 73
Jules Fouarge : 58, 59, 65
Michel Francou/Parc national des Écrins : 31
Christophe Gotti/Parc national de la Vanoise : 38
Robert Hello/Biosphoto/Wildlife Pictures : 19
Robert Hendrick : 51, 52, 81
Daniel Heuclin/Biosphoto : 13
Ludovic Imberdis/Parc national de la Vanoise : 16, 18, 74, 85
Christian Kerihuel : 61
Christian König : 12
Sandrine Lemmet/Parc national de la Vanoise : 25
Jean-Louis Le Moigne/Biosphoto : 43
Sylvie Loison : 35
Maurice Mollard/Parc national de la Vanoise : 3, 33, 88
Jean-Pierre Nicollet/Parc national des Écrins : 84, 87
Jean-François Noblet : 77
Parc national des Écrins : 45
Philippe Piérini/Parc national du Mercantour : 82
Michel Ribette/Biosphoto : 48
Cédric Robion/Parc national du Mercantour : 24
Yves Thonnérieux : 66

Index des noms vernaculaires